NOTICE

SUR LE MODE

DE

LIQUIDATION

DE L'ARRIÉRÉ

DES MINISTÈRES.

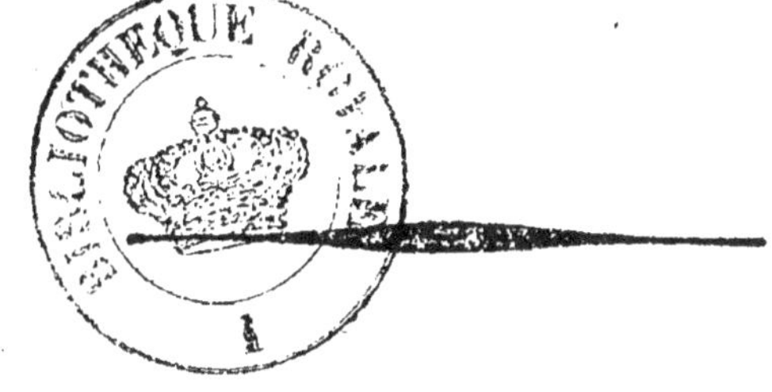

A PARIS,

De l'Imprimerie de la veuve GALLETTI,
rue Honoré, No. 1499.

AN VI de la République.

NOTICE

SUR LE MODE

DE

LIQUIDATION

DE L'ARRIÉRÉ

DES MINISTÈRES.

Il y a encore un grand arriéré à liquider dans les ministères.

Cet arriéré commence au 1er. juillet 1791 (v. s.), époque de l'établissement de la trésorerie nationale, et se termine au premier vendémiaire an 6 ; car l'option donnée par la loi du 24 frimaire dernier, aux créanciers porteurs d'ordonnances délivrées par les ministres, pour le service de l'an 5, de réclamer leur paiement de la même manière que les créanciers antérieurs à eux , ou de l'attendre dans les formes ordinaires , n'est autre chose qu'un conseil impératif d'embrasser le premier parti.

Il n'y a donc qu'un mode de remboursement pour toute la dette arriérée.

Quel mode de liquidation adoptera-t-on ? créera-t-on un établissement particulier chargé de liquider, ou les liquidations seront-elles faites dans le sein des ministères auxquels elles se rapportent ? Telles sont les questions à décider.

Avant d'invoquer les lois et les principes, faisons un raisonnement qui en donnera la solution.

Supposons que depuis le premier juillet 1791 , jusqu'au premier vendémiaire an 6, l'administration publique ait ioujours été entre les mains des ministres ; il est incontestable que l'arriéré qui se trouveroit dans leur département respectif, devroit y être liquidé.

Que s'est-il passé pendant ce laps de tems ? le gouvernement révolutionnaire établi dans le mois de germinal an 2 , s'est prolongé jusqu'en vendémiaire an 4, que le régime constitutionnel a été mis

en activité. C'est pendant cet intervalle seulement,
que les ministères ont été supprimés.

Les attributions qui cessoient d'être confiées aux
ministres, ont-elles changées de nature ? non,
elles ont passées dans leur intégrité aux commissions
exécutives qui remplaçoient les ministères, et sont
retournées entières dans les ministères, lors de leur
réorganisation. Ainsi, l'administration n'a pas
changé d'objet, quoiqu'elle ait une fois changé de
forme, et les attributions appartenant aux ministères
n'ont jamais cessé d'être les mêmes. Donc, chaque
ministre, en se saisissant des attributions de son
département, auroit dû se saisir aussi de la liquidation de l'arriéré qui n'en étoit qu'une ramifi-
cation.

Mais cette question qu'on discute depuis si long-
tems, est décidée par plusieurs lois ; il ne s'agissoit
que de les exécuter.

En effet, les ministères venoient à peine d'être
organisés, en vertu de la loi du 10 vendémiaire an 4,
qu'une autre rendue le 4 ventôse suivant, supprima
les *agences et commissions administratives, sous
telle dénomination qu'elles fussent.*

L'art. 3 de la même loi porte ensuite : « Le Di-

» rectoire exécutif formera sans délai les établis-
» semens nécessaires pour la continuation des *tra-*
» *vaux utiles* , dont lesdites agences et commissions
» étoient chargées ; il les distribuera *sous les diffé-*
» *rens ministres auxquels il les jugera appartenir* ».

Rien de plus précis et de plus sage que cette disposition : en même tems qu'elle consacre la nécessité de créer des établissemens pour la continuation
des travaux utiles dont étoient chargées les agences
et commissions supprimées , en même tems qu'elle
autorise le directoire à organiser ces établissemens,
elle lui impose l'obligation de les distribuer dans les
ministères , à raison de leurs attributions. La loi
prévoyoit déjà qu'on pourroit en laisser subsister
de parasites , ou en former d'inconstitutionnels ,
par cela seul qu'on les sortiroit des ministères que
la constitution avoit recréés.

Il sembloit donc que les agences et les commissions devoient disparoître ; on devoit croire aussi
que des établissemens de liquidation alloient s'éle-
ver dans le sein des ministères. Rien de tout cela
n'arrive ; les agences survivent à cette mort lé-
gale , mais la liquidation reste sans activité , parce
qu'elles ne peuvent ni ne doivent liquider.

Cette superfétation administrative n'échappe pas à quelques législateurs , et l'on voit éclore dans le conseil des cinq-cents , divers projets pour créer des établissemens chargés de liquider. Le conseil, encore rempli de l'esprit de la loi du 4 ventôse, les écarte tous par son ordre du jour du 7 messidor , motivé sur l'existence de cette loi , qui charge le directoire de les organiser dans les ministères.

Les ministres qui avoient négligé de faire exécuter cette loi , ne sont pas encore tirés de leur inaction par l'ordre du jour du 7 messidor ; le ministre des finances , seul , s'en empare , et fait prendre le 26 vendémiaire an 5 , un arrêté au directoire exécutif , portant création *d'un bureau central chargé de la liquidation de l'arriéré de tous les ministères* : on donne à ce bureau le droit de *liquider provisoirement* , et on le met sous la surveillance *du ministre des finances.*

Ainsi, par une interprétation fausse ou forcée de la loi du 4 ventôse, on élude l'exécution de la disposition qu'elle prescrit , de renvoyer dans chaque ministère la liquidation de l'arriéré qui dépend de ses attributions. On peut même dire que cet arrété, en donnant à ce bureau le droit de liquider , l'érigeoit en commission ; ce qui est contraire à la constitution qui ne permet pas d'en créer.

Aussi , il est arrivé à l'égard de cet arrêté, ce qui aura toujours lieu pour les institutions qui sont hors de la loi ; il est resté sans exécution , ou du-moins il n'en a eu qu'une imparfaite et très-abusive, en ce qu'au milieu de ce désordre , les agences supprimées se sont maintenues et ont nécessité des dépenses considérables et infructueuses.

Sans doute on desire connoître les motifs qui ont dirigé la conduite du ministre des finances ; ils sont consignés dans son compte rendu, du premier ven-démiaire an 5. On y lit, page 69 : « Ces commissions (le ministre parle des commissions supprimées , converties en commissions liquidatrices) ont resté » pendant quelque tems dans les attributions du » ministère *dont elles se rapprochoient le plus,* ainsi » celles des postes , transports et poudres se sont » toujours trouvées sous la surveillance du mi-» nistre des finances ; celui de la guerre a con-» servé, pendant quelque tems, celles de l'habille-» ment, des fourrages , etc. , etc. ; celui de l'inté-» rieur , celle des achats ».

Qu'on permette cette réflexion ! le ministre des finances rend un demi-hommage aux principes, et les mots *dont elles se rapprochoient le plus*, présentent un sens faux ou du moins équivoque, car les attributions des ministères ne s'en rapprochent ni en plus ni en moins ; elles sont dedans ou dehors.

Le ministre ajoute ensuite : » On s'est apperçu » quelque tems après, que l'article 5 de la loi du » 3 frimaire, chargeoit provisoirement le ministre » des finances d'ordonnancer les dépenses qui ne » sont comprises dans les attributions d'aucun » autre ministère ; on en a conclu qu'il falloit » réunir dans les siennes ces commissions di-» verses.

On peut croire que tout le monde n'a pas conclu ainsi que le ministre, comme la particule *on* paroît l'indiquer ; car puisque la loi a cru nécessaire d'autoriser le ministre des finances à ordonnancer les dépenses qui ne sont comprises dans les attributions d'aucun autre ministère, il est évident qu'elle a implicitement maintenu l'ordre ordinaire, en laissant à chacun des ministères, les attributions qui y tiennent exclusivement ; c'est au moins la conséquence la plus directe qu'on eût dû en tirer.

C'est cependant le raisonnement du ministre des finances qui a prévalu , et qui a suspendu l'exécution des dispositions de deux lois. Ses conséquences ont été d'intervertir les attributions naturelles des ministères , de brouiller les idées sur les liquidations , de maintenir quinze commissions inutiles , et de laisser abusivement des administrateurs se liquider eux-mêmes , et paraliser par leur intérét , depuis deux années , des travaux qui toucheroient actuellement à leur fin.

De quoi s'agit - il donc encore en ce moment ? de revenir à l'exécution pure et simple des lois des 4 ventôse et 7 messidor an 4, et d'organiser dans le sein des ministères , des établissemens pour en liquider l'arriéré.

Si nous réclamons avec instance l'exécution de ces lois , qui , jusqu'au moment où elles seroient rapportées, sont impératives et obligatoires, c'est parce qu'elles sont fondées sur les principes.

Que veulent en effet les principes? que l'ordre constitutionnel soit maintenu. Quel ordre la constitution a - t - elle établi dans l'administration publique ? elle a créé des ministères qui sont les premiers leviers du pouvoir exécutif ; tout ce qui

constitue l'exécution des lois est dans leurs attributions. Une loi a fixé ces attributions ; elles doivent
rester intactes dans les ministères, et ne pouvoir
passer des uns aux autres. Ces principes ont été
maintenus par le corps législatif, qui toujours a
rejetté avec force, toutes les innovations qui y
portoient atteinte.

On se retranchera peut-être dans cette objection,
que l'arriéré à liquider, dont on parle, est celui
antérieur au régime constitutionnel, d'où l'on cou-
clura qu'il ne doit pas appartenir aux ministères
qu'il a créés. C'est-à-dire que parce qu'il y a
eu un ordre de choses avant la constitution, ordre
qu'elle a détruit, il faut le faire revivre en partie.
Avec une pareille logyque on exhumeroit en en-
tier le régime révolutionnaire.

C'est au contraire parce que cette portion de la
dette à liquider est antérieure à la constitution,
que j'y trouve une raison plus particulière de la
fondre dans les établissemens constitutionnels, en
se conformant à la division établie ; car la constitution ne nous a été donnée que pour être observée
dans tous ses points, que pour remplacer, par ses
institutions, celles qui existoient, en réparer les
désordres et les abus, et en éteindre, s'il est pos-
sible, jusqu'au souvenir.

Passons des données constitutionnelles aux principes propres de la matière que nous traitons.

Si on sort la liquidation de l'arriéré des différens ministères auxquels elle se rapporte, cette distraction ne pourra avoir lieu pour la dette postérieure à la constitution ; alors il faut établir une coupure.

Mais est - ce deux années après l'établissement d'un ordre de choses qui eût nécessité cette coupure au moment même qu'il s'est établi, qu'elle peut avoir lieu ; alo s on n'a pas rempli les formalités indispensables que cette coupure eût nécessitées ; on n'a fait aucun inventaire, on n'a arrêté les registres d'aucuns comptables, etc. ; comment y suppléer maintenant, et diviser ce qui ne l'a pas été ? si on persistoit dans le système absurde de cette division, ou paraliseroit la marche des liquidations, car les pièces nécessaires à un établissement liquidateur, seroient en même-tems indispensables aux autres.

D'un autre côté, que produiroit ce mode de liquidation, s'il étoit adopté ? des résultats partiels, c'est-à-dire autant de liquidations qu'il y auroit d'établissemens chargés de liquider. He, n'est on pas las des demi-mesures et des avortons qu'elles enfantent !

(13)

Mais tel est l'avantage du mode de liquidation
confié aux ministres , qu'il concilie avec l'exécution des lois et l'observation des principes , l'intérêt de la République.

Justifions cette assertion. En faisant abstraction
de la loi du 4 ventôse , et de l'ordre du jour du 7
messidor en 4 , qui prescrivent impérativement le
renvoi de la dette arriérée avant la constitution ,
dans les ministères ; la loi du 24 frimaire dernier ,
ne vient-elle pas de faire , par l'article 15 du titre
5 , une obligation aux ministres de faire liquider
dans leur département respectif , les sommes dues
depuis l'établissement du régime constitutionnel.
Les ministres sont donc obligés de créer des bureaux pour cette portion de l'arriéré , pourquoi
n'y réuniroit-on pas l'autre ? n'est - il pas évident
que créer de nouveaux rouages administratifs , ce
seroit les multiplier ainsi que les dépenses sans but
et sans utilité.

Les développements dans lesquels ont vient
d'entrer , auront sans doute fixé l'opinion sur la
liquidation de l'arriéré et sur le mode qui lui con-
vient ; si elle a été incertaine , n'étoit-elle pas in-
fluencée par l'intérêt personnel et le desir des
places ?

Sans doute beaucoup d'administrateurs , béau‑
coup de fournisseurs voyent arriver avec effroi, le
jour où leurs opérations passeront à un creuset
sévère et épuratoire : mais pouvoient-ils croire que
jamais ce jour ne luiroit ? sans doute , quelques
personnes se complaisent avec délice dans la
perspective d'être nommés les chefs suprêmes
d'une commission liquidatrice et indépendante ;
mais croiroient-ils descendre trop bas de n'être que
les premiers commis des ministres , et de se trou-
ver dans leur dépendance ! qu'ils rentrent en eux-
mêmes , et l'amour de l'ordre et du bien l'empor-
tera sur des prétentions exagérées !

Une utile impartialité a dicté ces réflexions ;
on les soumet aux législateurs , au directoire et aux ministres. Déjà celui de la guerre
les a devancées , et vient d'organiser des bureaux
chargés de la liquidation de l'arriéré de son département. Ces bureaux sont sous sa direction immé-
diate, et dans l'esprit de la loi du 4 ventôse. Que les
autres ministres rentrent aussi dans l'exercice de
leurs droits, et on verra enfin se replacer dans les
ministères , des attributions qu'on en a séparé depuis trop long-tems. En même-tems qu'ils obéiront
à la constitution et aux lois, ils donneront une
impulsion générale à des opérations qui ne peuvent

être confiées qu'à eux , parce que seuls ils ont les moyens de les mener à leur fin , et que seuls ils présentent une garantie égale à leur importance.

Il ne restera au directoire , qu'a donner son assentiment aux travaux provisoires des ministres , et aux législateurs , qu'à laisser s'organiser , marcher et s'éteindre avec l'objet auquel il s'applique , le mode de liquidation que la loi a consacré , et que leur volonté a maintenu constamment.